Lithium et carbonate de lithium

Médicament contre la dépression, la maladie d'Alzheimer et la démence, pour l'amélioration du bien-être et la gestion du stress

2023, Lutz Schneider

Éditeur : Expertengruppe Verlag

Le contenu de ce livre a été rédigé avec le plus grand soin. Toutefois, aucune garantie ne peut être donnée quant à l'exactitude, l'exhaustivité et l'actualité des contenus. Le contenu de ce livre représente l'expérience et l'opinion personnelles de l'auteur. Aucune responsabilité juridique ou responsabilité n'est assumée pour les dommages résultant d'un exercice contre-productif ou d'une erreur du lecteur. Aucune garantie de succès ne peut non plus être donnée. L'auteur n'assume donc aucune responsabilité en cas de non-réussite des méthodes décrites dans le livre.

Tous les contenus présentés ici ont donc uniquement pour but de fournir des informations neutres. Ils ne constituent en aucun cas une recommandation ou une promotion des méthodes décrites ou mentionnées. Ce livre ne prétend pas être complet et l'actualité et l'exactitude des informations présentées ici ne peuvent être garanties. Ce livre ne remplace en aucun cas les conseils et le suivi spécialisés d'un médecin. L'auteur et les éditeurs déclinent toute responsabilité en cas de désagréments ou de dommages résultant de l'utilisation des informations présentées ici.

Lithium et carbonate de lithium

Médicament contre la dépression, la maladie d'Alzheimer et la démence, pour l'amélioration du bien-être et la gestion du stress

Éditeur : Expertengruppe Verlag

TABLE DES MATIÈRES

À PROPOS DE L'AUTEUR

Lutz Schneider vit avec sa femme Doris dans une vieille ferme de la belle Rhénanie.

Depuis ses études de biologie évolutive il y a plus de 20 ans, il s'intéresse déjà à des thèmes marginaux de la santé qui sont souvent cachés au grand public, mais qui sont largement acceptés sur le plan scientifique. En tant qu'enseignant, il ne transmet pas seulement ce savoir à ses élèves et étudiants, mais s'adresse également au grand public en Allemagne dans le cadre de différentes publications.

Dans ses livres, il s'intéresse particulièrement aux sujets dont les effets positifs sont non seulement largement inconnus, mais pour lesquels il peut également apporter sa propre expérience. Chacune de ses publications se base donc, outre sur les bases scientifiques indispensables, sur des expériences et des connaissances très personnelles. Il n'en résulte pas seulement des traités purement factuels, mais aussi des guides pratiques avec de vastes connaissances et des conseils utiles qui peuvent être facilement compris et mis en pratique.

Lutz Schneider crée ainsi des ouvrages faciles à lire, qui donnent au lecteur, dans une atmosphère détendue et agréable, un aperçu de domaines thématiques dont la plupart ne savent pas grand-chose, mais dont chacun peut tirer un grand profit.

PRÉFACE

Nous connaissons surtout le lithium pour son utilisation dans les batteries. La plupart des gens ne savent pas qu'il est également présent dans notre corps en tant qu'oligo-élément. On le trouve en petites quantités dans les ganglions lymphatiques, les organes et le cerveau. En combinaison avec le phosphore, il est également présent dans nos dents. Nous consommons régulièrement du lithium par le biais de notre alimentation. Il est surtout présent dans les céréales complètes et les légumes, comme les oignons, l'ail et les pommes de terre. On le trouve également en petites quantités dans les aliments d'origine animale comme les œufs, le beurre et la viande. Les personnes qui ont une alimentation équilibrée consomment donc déjà une certaine quantité de lithium.

"Le lithium nous rend heureux et en bonne santé"[1]

Je suis tombé sur ce titre lors de mes premières recherches pour ce livre. Un peu plus loin, on peut lire : "Même des quantités minimes de lithium peuvent réduire considérablement le risque de maladies mentales telles que

---

[1]https://www.ddbnews.org/ddbnews-gesundheit/lithium-macht-uns-gluecklich-und-gesund/

la maladie d'Alzheimer et améliorer l'humeur"[1] . Donc, comme dans les batteries, le lithium semble recharger notre batterie. Cela m'a semblé être un remède miracle, mais je suis resté sceptique et je me suis alors intéressé de plus près au lithium.

Dans les chapitres suivants, je te présente les résultats de cette recherche. Il en ressort que le lithium est un élément important d'un mode de vie sain et durable pour chacun d'entre nous. Les études cliniques et les articles scientifiques sont très clairs à ce sujet. Et pourtant, le lithium vit encore dans une niche, à peine perçu par une grande partie de la science pharmaceutique et par le grand public.

Les avantages sont pourtant évidents, notamment dans le domaine du psychisme et de la santé mentale. Et en plus, il est facile à obtenir et à utiliser pour tout le monde. Je veille moi-même depuis de nombreuses années à un excellent équilibre en lithium et je n'ai jamais eu de problèmes de santé. Le lithium n'est donc pas seulement indispensable à la guérison de certaines maladies, mais devrait faire partie de l'alimentation de tout un chacun à titre préventif.

QU'EST-CE QUE LE LITHIUM ET D'OÙ VIENT-IL ?

Le lithium est un élément chimique de symbole LI et de numéro atomique 3. C'est un élément du groupe des métaux alcalins et il appartient à la deuxième période du tableau périodique des éléments. C'est un métal léger et il possède la plus faible densité des éléments solides. Il a été découvert en 1817 par Johan August Arfwedson dans des roches et a reçu son nom par la suite : Lithos signifie pierre en grec.

Le lithium est également présent dans l'eau de mer et dans les sols. Ce métal est utilisé dans l'industrie à de nombreuses fins, par exemple dans la production de caoutchouc et la fabrication de batteries.

En tant qu'oligo-élément, le lithium est souvent présent dans l'eau minérale sous la forme de ses sels. L'organisme humain contient également toujours de petites quantités de lithium. Cet élément n'est toutefois pas essentiel et n'a pas de fonction biologique connue, mais un certain nombre d'effets thérapeutiques ont été démontrés, notamment sur le psychisme.

Dans l'Antiquité déjà, la "folie cyclique", comme on appelait alors une dépression, était traitée par des bains dans des sources thermales contenant de l'eau à forte teneur en lithium. Ce savoir s'est perdu au Moyen Âge. En 1850, le lithium a été utilisé par la médecine occidentale comme remède contre la goutte et les maladies infectieuses, mais il s'est avéré inefficace. Le lithium a ensuite disparu de la scène médicale. De 1929 à 1950, la boisson gazeuse "7 Up" a été enrichie en lithium et présentée comme un stimulant de l'humeur.

Ce n'est qu'en 1949 que le psychiatre australien John F. Cade a découvert l'effet antimaniaque des sels de lithium. Après avoir injecté des sels de lithium à des cobayes, ceux-ci ont réagi moins fortement aux stimuli externes et sont devenus plus calmes, mais pas somnolents. Après un essai sur lui-même, Cade a mené une étude sur l'utilisation du carbonate de lithium comme médicament pour traiter les patients dépressifs, schizophrènes et maniaques. La première pierre de la thérapie au lithium était ainsi posée.

Mogens Schou, un psychiatre danois, avait repris au début des années cinquante les observations du psychiatre australien John Cade. Dans une autre étude, il a découvert que le lithium pouvait combattre les symptômes maniaques aigus. Mais une étude à long terme menée dans les années soixante a été encore plus importante : Schou y a découvert qu'un traitement au lithium réduisait drastiquement le nombre de phases maniaques et dépressives. Depuis, de nombreuses études ont été menées sur l'efficacité, les effets secondaires et les conséquences à long terme du lithium.

QUE SONT LES SELS DE LITHIUM ?

En médecine, le lithium est utilisé sous forme de sels de lithium et est administré sous forme de comprimés. Ces sels sont formés par des combinaisons/réactions avec d'autres éléments. Parmi ces sels, on trouve par exemple

- Carbonates de lithium : le carbonate de lithium est un composé de lithium et de carbone. Il est très rare dans la nature et est donc produit à partir de minerais et de saumures contenant du lithium.

- l'acétate de lithium : L'acétate de lithium est le lithium de l'acide acétique. Il peut être obtenu par réaction avec le carbonate de lithium ou l'hydroxyde de lithium. L'hydroxyde de lithium est utilisé sous sa forme pure uniquement pour la fabrication de graisses.

- Citrates de lithium : le citrate de lithium peut être obtenu par une réaction de l'acide citrique avec le carbonate de lithium.

- Sulfates de lithium : le sulfate de lithium est formé par une réaction du carbonate de lithium avec l'acide sulfurique.

- L'orotate de lithium : L'orotate de lithium est le sel de lithium de l'acide orotique. L'acide orotique est un produit chimique intermédiaire qui se forme lors de la fabrication des chaînes d'ADN à l'intérieur des cellules.

La principale source de lithium est notre alimentation. On trouve par exemple 0,5 mg de lithium dans chacun des aliments suivants

- 300 g d'œufs
- 500 g de beurre
- 500 g de céréales
- 500 g de riz
- 500 g de viande
- 700 g de lait
- 1200 g de chocolat

En Allemagne, chaque personne absorbe en moyenne environ 0,8 mg de lithium par jour, la fourchette se situant entre 0 et 3 mg. Les besoins réels en lithium n'ont pas encore été déterminés et ne peuvent pas non plus être estimés de manière fiable sur la base de connaissances récentes. Dans une source de littérature spécialisée datant de 1960, ils ont été estimés à 10 mg par jour. On ne connaît pas à ce jour d'effets secondaires indésirables dus à une absorption plus importante de lithium (plus de 10 mg) par l'alimentation.

Le lithium est aujourd'hui utilisé en médecine pour prévenir les phases récurrentes de dépression et de manie et pour aider dans les situations aiguës. Il est également utilisé pour traiter la schizophrénie et les céphalées en grappe. J'aborderai ces pathologies plus en détail.

COMMENT AGIT LE LITHIUM ?

Le lithium est classé parmi les neuroleptiques et les antidépresseurs. Il agit simultanément sur d'innombrables processus dans le corps humain, c'est pourquoi son mode d'action est en grande partie inconnu dans le détail. On ne sait par exemple pas pourquoi le lithium freine l'euphorie en cas de manie et améliore l'humeur en cas de dépression.

On pense que le lithium réduit la probabilité d'un nouvel épisode affectif en diminuant l'excès de noradrénaline lors des épisodes maniaques et en activant la production de sérotonine lors des épisodes dépressifs.

On sait également que le lithium s'accumule surtout dans la substance blanche du cerveau. On pense désormais que, contrairement à d'autres psychotropes, le lithium n'agit pas sur la transmission des signaux au niveau des synapses des cellules nerveuses, mais dans les voies nerveuses elles-mêmes.

Apparemment, le lithium provoque également une libération accrue de deux neurotransmetteurs, le GABA et la sérotonine.

GABA signifie acide gamma-aminobutyrique, également appelé acide y-aminé. Cet acide aminé a un effet positif sur le bien-être et les performances humaines. La principale fonction du GABA est de calmer les neurotransmetteurs. Il assure donc le filtrage des stimuli, notamment ceux qui provoquent un stress dans l'organisme. Le rôle du GABA est donc de "détendre les pensées" et de contribuer ainsi à la sérénité intérieure.

En outre, le lithium augmente le taux de sérotonine. La sérotonine est un neurotransmetteur, c'est-à-dire une substance messagère. Elle contrôle de nombreux processus dans le corps humain, par exemple les émotions, la perception de la douleur et l'humeur. C'est pourquoi on l'appelle aussi l'hormone du bonheur.

Si le lithium renforce la libération de ces deux substances - comme décrit ci-dessus - nous nous sentons plus détendus et plus heureux. Mais la manière dont cet effet se produit n'est pas non plus clairement expliquée.

En outre, le lithium agit sur l'inactivation des canaux ioniques, il interfère avec le courant cellulaire sodium-potassium. On suppose qu'il réduit ainsi l'excitabilité centrale du cerveau. Le lithium a en outre une influence sur les systèmes de seconds messagers. Il intervient dans une chaîne d'enzymes et provoque ainsi une diminution de certains produits enzymatiques et de leurs produits secondaires. Il en résulte donc une baisse de la concentration de calcium dans les cellules. Ceci est important, car ce sont surtout les personnes souffrant d'une maladie maniaco-dépressive qui présentent une concentration élevée de calcium.

Il est très inhabituel qu'une substance active soit autorisée comme médicament sans connaître son mécanisme d'action. Pour se prémunir contre les mauvaises surprises, les médecins aimeraient généralement savoir comment et où agit un principe actif. Mais dans le cas du lithium, les autorités de réglementation ont fait une exception.

Comme tu peux déjà le constater ici, le lithium est une aide précieuse à bien des égards dans ton corps et ton psychisme. Et cela ne vaut pas seulement en cas de maladie, mais aussi dans la vie quotidienne. Chaque personne peut bénéficier d'un taux optimal de lithium dans son corps dans presque toutes les situations. Malheureusement, la majorité des personnes en Allemagne ne consomme pas assez de lithium par le biais de l'alimentation normale pour profiter de ces avantages.

POUR QUELLES MALADIES LE LITHIUM T'AIDE-T-IL ?

Le lithium est l'une des substances qui alimentent notre cerveau, lequel fait office de centre de contrôle et d'alerte du corps. Il est donc très important que cet organe fonctionne correctement. C'est de là que tout est contrôlé. Le lithium a un effet nettement positif sur ton cerveau. Il peut réduire considérablement le risque de maladies psychiques comme la dépression ou la schizophrénie.

Différentes expériences ont déjà démontré que le lithium agit sur les cellules du cerveau. Il peut donc avoir une influence positive sur notre état d'esprit. En outre, il réduit les dépôts de protéines responsables de la maladie d'Alzheimer. La prise de lithium permet également de lutter contre les céphalées en grappe. En outre, le lithium aide le corps à former la couche de myéline. La couche de myéline est une couche protectrice qui entoure les axones (le prolongement d'une cellule nerveuse qui conduit les impulsions nerveuses électriques à partir du corps cellulaire), un peu comme une isolation autour d'un câble électrique. Comme pour les câbles électriques, il est ainsi possible de transmettre des signaux à une vitesse fulgurante. Si la couche de myéline, c'est-à-dire la couche protectrice, est endommagée, des symptômes de défaillance apparaissent. L'absence de cette couche joue un rôle important dans des pathologies telles que la sclérose en plaques ou la maladie de Parkinson.

En outre, le lithium favorise la formation de "cellules grises", qui sont responsables de la gestion de l'intelligence, des processus de perception et des performances motrices de l'être humain. En outre, le lithium favorise l'autophagie, qui est responsable du renouvellement continu des cellules. On dit aussi que le lithium a un effet anti-inflammatoire et qu'il aide à combattre la résistance à l'insuline.

Actuellement, le lithium est surtout utilisé dans le traitement des troubles bipolaires. Dans ce cas, les préparations au lithium sont prises pendant les phases actives afin d'endiguer la dépression. Mais ils sont surtout utilisés pour prévenir une nouvelle phase de la maladie après une dépression, c'est-à-dire en tant que prophylaxie de phase. Un traitement avec des sels de lithium est nettement plus efficace qu'avec des produits pharmaceutiques classiques, qui sont toutefois généralement prescrits beaucoup plus souvent. En outre, il a été démontré que l'utilisation de préparations à base de lithium permet de réduire le risque de suicide.

Il est également utilisé dans les céphalées en grappe pendant les phases actives et entre les poussées. Comme pour son utilisation dans la dépression, il est censé prévenir la réapparition entre les poussées et réduire la douleur pendant les phases actives.

Dans les phases précoces de la maladie d'Alzheimer ou de la démence, le lithium peut être utilisé pour réduire les dépôts de protéines dans le cerveau. Dans le cas d'une maladie déjà avancée, aucun succès n'a malheureusement été enregistré à ce jour dans ce sens. Cette application ne suscite toutefois guère d'intérêt jusqu'à présent.

Le lithium n'est pas non plus utilisé dans le traitement de la maladie de Parkinson et de la sclérose en plaques, bien qu'il renforce la couche de myéline et puisse ainsi freiner l'évolution de la maladie, comme décrit ci-dessus. Mais il est déjà possible d'utiliser le lithium au moins comme "add-on" dans des thérapies déjà éprouvées.

Ci-dessous, je t'explique un peu plus en détail les maladies qui viennent d'être brièvement mentionnées.

DÉPRESSION, MANIE ET BURNOUT

DÉPRESSION

Il existe de nombreuses formes de dépression. Il est donc utile de connaître les différents troubles et leurs symptômes spécifiques. Ceux-ci affectent tous les domaines de la vie, y compris le travail et les relations sociales, et peuvent être légers, modérés ou sévères. Je voudrais présenter brièvement une sélection de différentes formes de dépression.

- Dépression majeure : la perte d'intérêt et de plaisir pour les activités habituelles ainsi que l'abattement se manifestent en cas de dépression majeure. Les symptômes durent au moins deux semaines et se manifestent la plupart du temps. La dépression majeure est un trouble unipolaire, car seules des phases dépressives apparaissent.

- Dépression psychotique : dans certains cas, les personnes souffrant de dépression perdent conscience de la réalité et souffrent de psychose. Cela signifie qu'elles souffrent d'hallucinations, d'idées délirantes ou croient qu'elles sont elles-mêmes mauvaises et qu'elles sont responsables de choses négatives dans leur environnement.

- Dépression prénatale et postnatale : pendant la grossesse (période prénatale) et l'année qui suit l'accouchement (période postnatale), les femmes sont exposées à un risque accru de dépression. Après l'accouchement, il se produit un changement hormonal qui entraîne ce que l'on appelle le "baby blues". Environ 80 pour cent des femmes sont concernées. Il s'agit là, tout comme le stress quotidien lié à la grossesse et aux soins apportés au nouveau-né, d'expériences normales. Il convient de les distinguer de la dépression. Une véritable dépression peut affecter non seulement la mère, mais aussi sa relation avec le bébé ou avec son partenaire et d'autres membres de la famille. De plus, elle dure plus longtemps.

- Trouble bipolaire : ce type de dépression est également connu sous le nom de "trouble maniaco-dépressif", car les personnes concernées connaissent à la fois des phases dépressives et des phases maniaques (exagérément joyeuses). Entre ces phases, l'état d'esprit peut être équilibré. Par rapport à d'autres maladies psychiques, le trouble bipolaire est plus souvent d'origine familiale. Le stress et les conflits peuvent déclencher des changements d'humeur extrêmes. Il arrive en outre que les troubles bipolaires soient mal diagnostiqués. Le diagnostic est surtout difficile à poser lorsque les personnes concernées n'ont pas encore connu de phase maniaque.

- Trouble cyclothymique : le trouble cyclothymique est une forme moins prononcée du trouble bipolaire. Les personnes concernées présentent des fluctuations chroniques de l'humeur sur une période d'au moins deux ans, avec une alternance de phases de manie légère à modérée et de phases de symptômes dépressifs. Entre les deux, de très courtes phases de normalité sont vécues. Les symptômes sont donc d'une durée nettement plus courte, moins visibles et moins réguliers.

- Dysthymie : la dysthymie est une dépression névrotique. Elle présente les mêmes symptômes que la dépression majeure, mais de manière moins prononcée et nettement plus durable. On parle de dysthymie lorsqu'une personne présente cette forme moins sévère de dépression pendant plus de deux ans.

- "Dépression automne-hiver" : il s'agit de variations de l'humeur en fonction des saisons. La dépression la plus fréquemment observée est celle qui commence à l'arrivée de l'hiver et se termine à la fin de l'hiver. Ce trouble n'est généralement diagnostiqué que lorsque la personne concernée présente les mêmes symptômes pendant plusieurs années en hiver. Il se caractérise par des troubles de l'humeur (phases dépressives OU maniaques). Les personnes concernées se sentent généralement sans énergie. Elles dorment et mangent trop.

Il existe en outre de nombreux autres types de dépression. Il est souvent difficile de reconnaître une dépression. Entre un abattement normal et une dépression légère, l'évolution est souvent fluide. Les symptômes qui indiquent une dépression sont les suivants

- Tendance au repli sur soi
- Inquiétude
- Fatigue
- troubles du sommeil, surtout en deuxième partie de nuit
- Manque de concentration
- Manque d'intérêt pour les activités

- Manque d'hygiène
- Libido inhibée
- Pensées plus lentes

Si tu souffres d'une de ces formes de dépression ou si tu découvres au moins les symptômes mentionnés chez toi, la prise de lithium est un moyen possible d'obtenir rapidement une amélioration.

MANIE

Une manie est le contraire d'une dépression et peut être plus ou moins prononcée. La personne concernée se sent constamment invincible, raison pour laquelle elle ne souhaite généralement pas sortir de sa phase maniaque. On reconnaît une manie aux symptômes suivants :

- Tu te sens bien ou tu t'énerves facilement
- Tu es plein d'énergie et tu as un faible besoin de sommeil
- Tu as des pensées fulgurantes, un flot d'idées, la folie des grandeurs
- Tu parles exceptionnellement vite
- Ton commerce est très volatile
- Tu as des difficultés à te concentrer
- Tu reconnais une forte propension au risque chez toi
- Tu souffres d'agitation et de nervosité

Dans certains cas, les personnes concernées perdent le contact avec la réalité et présentent des états psychotiques. Il peut donc arriver que les personnes concernées se mettent en danger ou mettent en danger les autres. En outre, des addictions telles que la dépendance au jeu peuvent ainsi se développer rapidement.

Les symptômes maniaques peuvent également être sensiblement améliorés par la prise de lithium.

BURNOUT

Le burnout n'est pas une dépression, mais il en est souvent le signe avant-coureur. Comme le burnout est devenu une maladie populaire, surtout ces dernières années, j'aimerais m'y attarder un peu. La cause la plus fréquente du burnout est le stress. C'est de là que vient le terme de burnout, qui signifie en anglais "épuisé".

Le burnout touche généralement les personnes que l'on attend le moins. Ils sont au milieu de la vie, ont du succès dans leur travail, ont une famille. Ils sont souvent engagés dans une association. Ils sont actifs 24 heures sur 24, déterminés. Il s'agit souvent de cadres ou de collaborateurs qui travaillent sous une grande responsabilité.

L'autre groupe cible pour un burnout est pour ainsi dire l'exact opposé de ces personnes. Il s'agit de personnes qui ont peu confiance en elles, qui sont très émotives et vulnérables et qui ne peuvent pas résister à la pression actuelle qui s'exerce sur elles de toutes parts. Les symptômes du burnout ressemblent à s'y méprendre à ceux de la dépression. On distingue les symptômes physiques et les symptômes psychiques.

Symptômes physiques :

- Troubles du sommeil et cauchemars

- Fatigue et épuisement
- Variations de poids
- affaiblissement du système immunitaire
- Troubles gastro-intestinaux
- Vertiges
- Hypertension artérielle
- Douleurs dans différentes parties du corps
- perte de la libido

Symptômes psychiques :

- Irritabilité accrue
- Impatience
- Impuissance
- Troubles de la mémoire
- Tendance à la rêverie
- Perte de concentration, même pour des tâches simples

- Réduction de la capacité de charge
- Retrait de l'environnement social
- Absence au travail
- Manque d'intérêt pour les activités

En outre, certaines autres maladies présentent des symptômes similaires et doivent donc d'abord être exclues. Il s'agit notamment de l'hypothyroïdie et de l'hyperthyroïdie liée à l'âge, c'est-à-dire de l'hypothyroïdie ou de l'hyperfonctionnement de la thyroïde. En outre, la prise de différents médicaments (par ex. thyréostatiques, antihypertoniques, inhibiteurs calciques) peut provoquer des symptômes similaires à ceux de la dépression.

Comme tu le vois, il est difficile, en raison du large éventail de maladies, de poser un diagnostic ciblé et donc de déterminer si le lithium (seul) est susceptible de te soulager. Une visite chez le médecin ou le psychologue est souvent inévitable. N'hésite pas à le faire. Chercher de l'aide est le premier pas vers une vie meilleure.

SCHIZOPHRÉNIE

La schizophrénie est considérée comme l'une des maladies mentales les plus graves, car elle affecte l'ensemble de la personnalité. Hallucinations, délires, troubles de la pensée et altération de la vie affective n'en sont que quelques-uns des symptômes.

La schizophrénie se manifeste souvent par poussées. Les symptômes durent un certain temps, puis disparaissent au bout de plusieurs semaines ou mois. Ils peuvent également disparaître complètement.

On distingue différentes formes de schizophrénie :

- Dans la schizophrénie paranoïde, les personnes concernées croient que des extraterrestres ou des esprits les observent et leur parlent. Elles souffrent aussi souvent de peur de la persécution et entendent des voix qui leur donnent des ordres. La schizophrénie paranoïde est la forme la plus courante de schizophrénie et se caractérise par des délires et des hallucinations constants et fréquents.

- La schizophrénie catatonique se caractérise avant tout par des troubles du mouvement. Le patient est par exemple comme figé et immobile. D'autre part, il peut arriver qu'il soit très agité et qu'il se balance toujours d'avant en arrière avec le haut du corps, par exemple. Il peut aussi arriver que le patient obéisse à tous ses désirs comme un robot - ou fasse exactement le contraire de ce qu'on lui dit.

- On parle de schizophrénie hébéphrénique en cas de troubles de la vie émotionnelle et de la vie affective apparaissant dès l'adolescence. La personne concernée se comporte de manière inappropriée : Joyeux, immature, stupide - souvent aussi imprévisible et flagrant. Par exemple, il rit sans cesse alors qu'il n'y a aucune raison objective de le faire. A cela s'ajoutent souvent des troubles de la pensée.

- La schizophrénie simplex est considérée comme une forme très légère de schizophrénie, car elle se développe généralement de manière insidieuse. La capacité de concentration diminue, tout comme les performances intellectuelles. Les personnes concernées s'intéressent de moins en moins aux choses qui étaient auparavant importantes pour elles. Elles se replient sur elles-mêmes. Les hallucinations et les idées délirantes n'apparaissent pas dans la schizophrénie simple.

Comme nous l'avons mentionné au début de cet article, les troubles schizophréniques peuvent également être traités efficacement par la prise de lithium.

DÉMENCE ET MALADIE D'ALZHEIMER

Alzheimer et démence - n'est-ce pas la même chose ? Non. Même si les deux maladies entraînent une détérioration des neurones et des synapses, il existe quelques différences majeures.

La maladie d'Alzheimer :

La maladie d'Alzheimer est une maladie organique du cerveau. La plupart des personnes atteintes ont plus de 60 ans. En cas de maladie, des dépôts de protéines se forment dans le cerveau. Les symptômes typiques sont

- Troubles de la parole
- Changements de personnalité
- Troubles de la mémoire
- Troubles de l'orientation
- Troubles du jugement

Les troubles augmentent au fur et à mesure de l'évolution de la maladie et rendent ainsi la gestion du quotidien difficile, jusqu'à devenir impossible.

Démence fronto-temporale (maladie de Pick) :

Contrairement à la maladie d'Alzheimer, ce type de démence apparaît généralement entre 50 et 60 ans. Elle peut toutefois apparaître bien plus tôt ou bien plus tard. La fourchette se situe entre 20 et 85 ans. Dans la démence fronto-temporale, les neurones et les synapses situés dans la région frontale et temporale, qui contrôlent les émotions et le comportement social, sont les premiers à se dégrader. C'est pourquoi on observe d'abord des troubles de la personnalité et du comportement interpersonnel. Plus tard, on observe des difficultés à trouver les mots et des troubles de la compréhension. Cela peut entraîner le mutisme des personnes concernées.

La maladie d'Alzheimer et la démence frontotemporale sont les formes de démence les plus courantes. S'y ajoutent

- Maladie de Creutzfeldt-Jakob : contamination par de la viande de bœuf infectée ; se manifeste souvent en combinaison avec une dépression ; entraîne des troubles moteurs et cognitifs, voire une démence

- Démence vasculaire : appelée démence sénile, elle présente les mêmes caractéristiques que la maladie d'Alzheimer.

- Syndrome de Korsakov : commence comme une démence, mais est une amnésie ; est provoqué par des intoxications, l'abus d'alcool ou des traumatismes crâniens

Étant donné que les différentes formes de la maladie d'Alzheimer et de la démence comportent des symptômes et des causes similaires, les deux peuvent être traitées de la même manière par la prise de lithium.

CÉPHALÉES EN GRAPPE

Les céphalées en grappe sont l'une des maladies douloureuses les plus graves et les plus invalidantes si elles ne sont pas traitées. Elles se manifestent généralement par des crises douloureuses avec d'éventuels symptômes associés, comme par exemple

- Yeux rouges ou larmoyants
- écoulement ou congestion nasale
- Pupilles rétrécies
- Paupières tombantes
- Transpiration au niveau du front

Cette maladie se manifeste généralement par crises. Des crises isolées surviennent souvent après l'endormissement ou au petit matin.

SCLÉROSE EN PLAQUES

L'encéphalomyélite disséminée, également connue sous le nom de sclérose en plaques (SEP), est une maladie inflammatoire primaire du système nerveux central. Les gaines de myéline des fibres nerveuses sont dissoutes et remplacées par du tissu conjonctif. Il s'ensuit un durcissement et une calcification.

Les causes de cette maladie auto-immune (réaction de défense mal contrôlée ; les propres tissus de l'organisme sont considérés comme des tissus étrangers) sont encore inconnues à l'heure actuelle. La SEP se manifeste sous de nombreuses formes différentes. Les premiers symptômes sont souvent des troubles de la vision (sous forme d'images doubles), des troubles de la sensibilité, une sensation "d'électricité" qui irradie dans le corps lorsque l'on penche la tête, un langage confus et des tremblements.

MALADIE DE PARKINSON

La maladie de Parkinson, également connue sous le nom de paralysie de l'ébranlement, se caractérise par une diminution du nombre de neurones produisant de la dopamine dans le cerveau. Cela entraîne également un syndrome de carence en dopamine. Comme pour la sclérose en plaques, la cause de la paralysie agitante est inconnue dans la plupart des cas. On suppose que les symptômes sont dus à un déséquilibre entre les neurotransmetteurs dopamine, également appelée "hormone du bonheur", et acétylcholine, qui est responsable de la transmission des excitations des neurones aux synapses dans le système nerveux central et périphérique.

Les traumatismes, les tumeurs cérébrales et les inflammations du cerveau font partie des causes secondaires. La maladie se caractérise par de la rigidité, des tremblements et de l'akinésie. La rigidité est une raideur due à une augmentation du tonus musculaire. La résistance accrue lors du mouvement des extrémités (phénomène de roue dentée) est un signe typique. Par tremor, on entend des tremblements, qui sont souvent le premier symptôme et, de plus, le plus visible. Les tremblements sont souvent renforcés par l'excitation des personnes concernées. Akinésie signifie immobilité. Il s'agit d'une diminution ou d'une absence de mouvement du visage, du tronc ou de la tête. Au cours de la maladie, des conséquences plus graves peuvent survenir, notamment une démence.

Il est inutile de préciser que les dernières maladies citées, à savoir les céphalées en grappe, la sclérose en plaques et la maladie de Parkinson, peuvent bien sûr aussi être traitées au lithium.

LE LITHIUM DANS LA SLA ?

La SLA (sclérose latérale amyotrophique) est une maladie qui touche le système nerveux central et le système nerveux périphérique. Les causes de la SLA sont encore pratiquement inconnues. Certains facteurs susceptibles d'entraîner la maladie sont transmis de manière héréditaire. Elle est incurable et ne se manifeste que rarement. La SLA entraîne généralement la mort au bout de 3 à 5 ans en raison de l'apparition d'une faiblesse musculaire et de l'atrophie musculaire qui s'ensuit. Cependant, les malades souffrent souvent de la SLA jusqu'à 10 ans. Les personnes atteintes de la maladie sont généralement âgées de 50 à 70 ans.

Il est possible que tu connaisses déjà la SLA, car elle a fait fureur dans les médias sociaux en été 2014 avec le "ALS Ice Bucket Challenge". Il s'agissait de se verser un seau d'eau froide sur la tête et de nommer ensuite plusieurs personnes pour qu'elles se versent également un seau d'eau froide dans les 24 heures. Si l'on ne le faisait pas, on devait donner de l'argent à l'ALSA (ALS Association). Du 15 juillet au 27 août 2014, l'ALSA a récolté 94,3 millions de dollars de dons, contre environ 3 millions de dollars l'année précédente. En outre, l'ALSA a enregistré plus de 2,1 millions de nouveaux donateurs.

Mais quel est le rapport entre le lithium et la SLA ? Certaines rumeurs circulent selon lesquelles le lithium prolongerait la vie des patients atteints de SLA. La raison en est probablement une étude de 2008 dans laquelle 44 personnes souffrant de SLA ont pris du lithium. Les résultats de cette étude étaient prometteurs, mais il n'y avait pas de groupe placebo et il ne s'agit pas non plus d'une étude représentative pour un si petit nombre de 44 personnes prenant du lithium. Par la suite, des études représentatives ont été menées par plusieurs universités, par exemple par la Motor Neurone Disease Association of Great Britain and Northern Ireland. Au total, 214 patients atteints de SLA ont participé à l'étude, mais les résultats n'ont cette fois-ci pas montré de signification statistique. Les taux de survie ne présentaient guère de différences. L'utilisation du lithium n'a donc - selon l'état actuel de la science - pas entraîné d'augmentation de la durée de vie chez les patients atteints de SLA.

Résumé :

Médicalement prouvé !

Utilisation réussie du lithium dans les maladies aiguës :

- *Dépression et manie*
- *Démence et maladie d'Alzheimer*
- *Maux de tête en grappe*
- *Sclérose en plaques*
- *Maladie de Parkinson*

POURQUOI AS-TU BESOIN DE LITHIUM ?

Mais pourquoi as-tu besoin de lithium maintenant, même si tu ne souffres d'aucune des maladies mentionnées ?

Nous vivons à une époque où tout va de plus en plus vite, le stress fait partie du quotidien de beaucoup d'entre nous et nous nous sentons vite surchargés. Il ne s'agit pas forcément d'un burnout, mais nous nous sentons tout de même parfois dépassés. Il suffit parfois de "petits" déclencheurs : un projet difficile au travail ou même la perte d'un emploi, souvent accompagnée de problèmes financiers, un décès dans l'entourage, une séparation, mais souvent aussi un petit rien en apparence comme une infection grippale chez un enfant.

Dans de telles situations, le lithium peut également nous aider à mieux gérer le stress. Pour ce faire, le lithium est administré en quantités beaucoup plus faibles que, par exemple, dans le cas d'un trouble bipolaire et est disponible librement sous forme de complément alimentaire.

L'orotate de lithium permet d'atteindre des concentrations plus élevées. Il peut en outre être utilisé en cas de maux de tête chroniques, comme soutien en cas d'épilepsie et comme aide au sevrage alcoolique. Des effets positifs ont également été observés dans la stimulation du système immunitaire et grâce à son action antivirale (par exemple contre l'herpès). Cependant, aucune recherche médicale importante n'a été menée sur l'orotate de lithium depuis les années 1980. Le Dr James Greenblatt, expert en pédopsychiatrie et en psychiatrie adulte, écrit cependant en 2018 "qu'aucun effet secondaire n'apparaît lorsque le lithium est utilisé comme complément alimentaire". Il poursuit en disant qu'il s'agit d'une stratégie sûre pour traiter à la fois les troubles psychiatriques et neurologiques et qu'il offre d'énormes avantages sur de nombreux aspects de notre humeur, de notre comportement et de notre santé mentale. Il nous rend plus satisfaits et plus détendus.

Cela signifie donc que le lithium n'est pas seulement utilisé avec succès comme médicament dans le traitement des maladies décrites dans le chapitre précédent, mais qu'il peut réellement avoir un effet positif sur les caractéristiques psychiques et mentales de chaque personne ! Il peut même contribuer à lutter préventivement contre l'apparition de ces maladies.

Dans peu de niches de la médecine, les déclarations sont aussi unanimement positives que pour le lithium. Dans une certaine mesure, il peut donc effectivement être considéré comme un "remède miracle". C'est un moyen naturel de maintenir le corps et l'esprit à un niveau constant d'équilibre et de positivité. Il t'aide donc tout simplement à vivre heureux et à tenir à distance des maladies comme la dépression et le burnout.

COMMENT LE LITHIUM PEUT-IL T'AIDER ? À QUOI DOIS-TU FAIRE ATTENTION LORSQUE TU LE PRENDS ?

Comme nous l'avons déjà mentionné, le lithium est utilisé en particulier pour le traitement de maladies et la prévention dans le domaine psychique. Selon des études récentes, de très bons résultats peuvent également être obtenus en cas de troubles psychiques légers. La prise de sels de lithium permet également de réduire les comportements agressifs. On mise également sur l'effet des sels de lithium pour traiter les céphalées en grappe.

Il est également intéressant de noter qu'une étude de l'Université de médecine de Vienne, publiée en mai 2011 dans le "British Journal of Psychiatry", montre que plus le taux de lithium dans l'eau potable est élevé, plus le taux de suicide est faible. Ce lien se maintient même lorsque d'autres facteurs d'influence comme le revenu ou les aspects psychosociaux sont pris en compte. Les scientifiques autrichiens confirment ainsi les résultats d'une étude déjà publiée en 2009 par des scientifiques japonais.

L'article "Prévention du suicide dans les troubles affectifs : Pourquoi le lithium semble unique", paru en janvier 2019 dans la revue "InFo Neurologie & Psychiatrie", le confirme. On peut y lire : "En tenant compte des données de 34 études ouvertes et randomisées avec différents bras de comparaison versus lithium, une réduction de 75 % du risque de suicides achevés et inachevés a été observée chez les patients traités par lithium".

Une étude de l'université de Jena - publiée dans le "European Journal of Nutrition" - prouve qu'une teneur plus élevée en lithium dans l'eau potable augmente l'espérance de vie. Le professeur Michael Ristow a étudié le taux de mortalité dans 18 communes japonaises. Pour ce faire, des échantillons d'eau ont été prélevés dans toutes les communes et leur teneur en lithium a été déterminée. L'étude a confirmé que le taux de mortalité était nettement plus bas dans les communes où la teneur en lithium de l'eau était élevée.

En outre, on a découvert entre-temps que l'équilibre psychique pouvait être influencé par le lithium. Les performances intellectuelles peuvent également être nettement améliorées par la prise de lithium. Dans de nombreux cas, on n'a pas encore étudié en détail comment expliquer ces effets positifs, mais l'effet positif en soi est indiscutable.

LITHIUM SUR ORDONNANCE

Avant d'entamer un traitement au lithium sur ordonnance, il est nécessaire de procéder à quelques examens préliminaires. Les reins, la thyroïde et le cœur doivent notamment être testés pour vérifier qu'ils ne sont pas sollicités ou endommagés. Dès que les résultats nécessaires sont disponibles, il faut choisir la bonne préparation au lithium. Rien que sur le marché allemand, il existe une multitude de préparations différentes, qui se distinguent surtout par leur dosage. En outre, le choix du bon médicament est soumis à certaines restrictions d'utilisation. Ainsi, la grossesse, les maladies cardiovasculaires ou les problèmes rénaux doivent toujours être pris en compte. De toute façon, les femmes devraient éviter un traitement au lithium pendant la grossesse. Comme le lithium passe également dans le lait maternel, les nouveau-nés ne devraient pas être allaités avec ce médicament, car le lithium passerait alors dans la circulation sanguine de l'enfant.

Il faut également tenir compte des interactions avec d'autres médicaments. Le réglage de la bonne dose demande du temps, de la patience et de l'observation. Le traitement médicamenteux au lithium requiert beaucoup de sensibilité. Le dosage parfait ne peut être trouvé qu'au cours du traitement. Une fois le traitement commencé, il est nécessaire de contrôler régulièrement le taux de lithium dans le sang. Au début du traitement, des contrôles hebdomadaires devraient même être effectués.

Une perte d'efficacité est peu probable, même en cas de prise sur une très longue période. Seul l'arrêt du médicament peut entraîner une perte d'efficacité. De toute façon, cela ne devrait pas se faire brusquement, mais lentement et régulièrement. Cela devrait toujours se faire sous surveillance médicale.

Il n'y a pas de risque de dépendance aux médicaments à base de lithium, même si le médicament est pris pendant de nombreuses années. Une concentration de 1,2 mmol/l de lithium dans le sang ne devrait pas être dépassée. Idéalement, le taux dans le sang se situe entre 0,6 et 0,8 mmol/l. En principe, le dosage varie naturellement d'une personne à l'autre. C'est pourquoi, surtout au début d'un traitement au lithium, une surveillance par un médecin est indispensable. C'est surtout en cas de surdosage de lithium délivré sur ordonnance que des effets secondaires indésirables peuvent rapidement apparaître. Il s'agit notamment

- Prise de poids : elle est due à une rétention d'eau accrue dans les tissus, à l'hypothyroïdie et à l'accumulation de graisses. Mais la prise de poids est surtout due à une augmentation de l'appétit et à un manque d'exercice. Cela concerne jusqu'à 10 % des consommateurs de préparations à base de lithium.

- Problèmes gastro-intestinaux : Il s'agit notamment de nausées, de douleurs à l'estomac, de vomissements ainsi que de diarrhées.

- Augmentation de la miction : Le traitement au lithium entrave la fonction rénale de fixation de l'urine, ce qui peut entraîner l'élimination de jusqu'à 8 litres d'urine par jour. C'est très gênant, mais il est tout de même important d'étancher la soif qui se manifeste, sinon cela peut être dangereux.

- Les tremblements : Il s'agit généralement d'un tremblement faible, mais qui peut être très gênant, surtout dans les professions où l'on fait beaucoup attention à ses mains. Plus le dosage de lithium est élevé, plus les tremblements peuvent être prononcés.

- Modifications de la peau : La prise de lithium peut provoquer des démangeaisons ou des éruptions cutanées. Un dessèchement de la peau ou une perte de cheveux temporaire sont également possibles.

Il existe en outre une multitude d'autres effets secondaires, qui ne concernent toutefois qu'un très petit nombre de patients (<1 %). Le degré de dosage a une grande influence sur ce point. Même un léger dépassement de la dose adaptée au patient peut entraîner un surdosage. Les symptômes en sont

- Diminution de la capacité de concentration
- Ralentissement
- Fatigue
- Maternité
- Soif
- Besoin d'uriner
- Maux d'estomac
- nausées, vomissements
- Diarrhée

- Tremblements
- hypersensibilité à la lumière
- Faiblesse musculaire et contractions musculaires
- Langage obscur

Si un ou plusieurs de ces symptômes apparaissent, il est indispensable de consulter un médecin. En cas de non-respect, une intoxication au lithium peut se produire. Les symptômes déjà mentionnés s'intensifient alors. En outre, des crises convulsives et un délire peuvent survenir. En cas de suspicion d'intoxication au lithium, il convient d'appeler immédiatement le médecin d'urgence. C'est également l'une des raisons pour lesquelles le lithium n'est utilisé qu'à faibles doses et n'est pas toujours le premier remède pour lutter contre la dépression. Les patients peuvent se faire du mal ou même provoquer leur propre mort en en prenant trop. La prise de préparations à base de lithium devrait donc être réfléchie de manière judicieuse, surtout chez les personnes suicidaires, même si le lithium peut justement aider de tels patients, car il a justement un effet anti-suicide.

Mais avant que tu ne t'inquiètes des effets secondaires mentionnés, fais attention aux signaux que ton corps t'envoie. Tu peux ainsi réagir avant que l'intoxication ne se produise.

Comme le montre clairement le paragraphe précédent, les préparations à base de lithium entraînent de nombreux effets secondaires. Mais ceux-ci ne sont pas forcément présents. En outre, ils ont quand même des effets nettement moins importants que ceux d'autres médicaments psychotropes. De plus, le lithium présente l'avantage de pouvoir provoquer une nette amélioration de l'état de santé, même en petites quantités. Et le faible dosage réduit naturellement les effets secondaires. Comme l'utilisation se déroule sans problème chez une grande partie des utilisateurs, il est recommandé de suivre un traitement avec des sels de lithium. En principe, les effets secondaires se font rapidement sentir, de sorte que tu peux les combattre. Il est conseillé de prendre les préparations au lithium sur ordonnance le soir, car tu dormiras ainsi une grande partie des effets secondaires possibles.

Les préparations à base de lithium délivrées sur ordonnance sont exclusivement utilisées sur des adultes, car il n'existe à ce jour que peu de données empiriques sur le traitement à long terme chez les enfants et les adolescents. En 2015, Robert Findling a mené une étude sur l'efficacité du lithium chez les enfants et les adolescents âgés de 7 à 17 ans. 53 des 81 sujets, qui souffraient tous de troubles bipolaires, ont reçu des préparations à base de lithium. Les autres participants ont reçu un placebo. Après huit semaines, une nette amélioration a été constatée chez les sujets qui prenaient la préparation au lithium. Cela montre que les enfants et les adolescents réagissent également à la thérapie au lithium.

Le lithium sur ordonnance est uniquement destiné au traitement de maladies aiguës. Il est extrêmement fortement dosé et peut entraîner une grande variété d'effets secondaires. C'est pourquoi il n'est disponible que sur ordonnance, et c'est bien ainsi. Pour une utilisation préventive et pour optimiser son propre budget lithium, le lithium sur ordonnance n'est définitivement pas approprié. Je ne peux que mettre en garde contre les dangers de prendre ce médicament sans en parler à ton médecin !

Il existe un grand nombre de préparations au lithium disponibles sans ordonnance. Celles-ci sont tout à fait suffisantes pour augmenter ton taux de lithium dans le corps jusqu'au niveau optimal et obtenir ainsi les avantages décrits pour toi et ton corps. Il faut donc faire une distinction :

a) Maladie aiguë (comme la dépression) : Lithium sur ordonnance avec effets secondaires correspondants

b) Optimisation du taux de lithium personnel pour améliorer la santé et les performances psychiques et mentales et pour augmenter le bien-être général : lithium sans ordonnance et sans effets secondaires

LITHIUM SANS ORDONNANCE

Comme décrit précédemment, le lithium est administré sous forme de sels de lithium. Une étude menée sur des patients atteints de la maladie d'Alzheimer a montré qu'une faible dose de lithium pouvait suffire pour obtenir un résultat thérapeutique. L'étude sur les patients atteints de la maladie d'Alzheimer a été réalisée à un stade précoce de la maladie. Pendant une période d'un an, on leur a administré chaque jour une dose de lithium comprise entre 150 et 600 mg. Après ces 12 mois, on a pu constater une nette diminution des dépôts de protéines dans le cerveau. En outre, les performances de la mémoire se sont nettement améliorées au cours de la période d'étude.

Chez les sujets qui n'ont pas reçu de lithium, les performances de la mémoire ont diminué et les dépôts de protéines se sont intensifiés. Dans une étude comparative, qui s'est déroulée sur la même période, les patients n'ont reçu que 0,3 mg de lithium par jour. Les résultats étaient toutefois très similaires à ceux de la première étude.

Une étude similaire a été menée sur des patients atteints de la maladie d'Alzheimer à un stade avancé. Malheureusement, aucune amélioration n'a été constatée.

Il apparaît donc clairement que même de très petites quantités de lithium peuvent avoir des effets positifs considérables sur notre santé. L'orotate de lithium est également disponible sans prescription médicale et est considéré comme un complément alimentaire. En 1973, Hans Nieper - un médecin allemand - a découvert que l'orotate de lithium ne contenait que 3,83 mg de lithium pur, alors que le carbonate de lithium en contient 18,8 mg pour 100 g. La substance active est donc la même dans les deux substances, mais à une dose nettement différente. Les compléments alimentaires à base d'orotate de lithium contiennent généralement 5 mg de lithium, par exemple ceux de Lindens, Piping Rock ou Swanson Ultra. À titre de comparaison, QUILONUM, qui constitue le premier choix pour le traitement des troubles bipolaires, contient 450 mg de lithium. La teneur en lithium pur est donc environ 90 fois (!) plus élevée que dans un complément alimentaire au lithium.

La dose recommandée est d'un comprimé par jour, soit seulement 5 mg de lithium pur. Cependant, comme l'a montré l'étude décrite ci-dessus, ces quantités suffisent déjà pour obtenir les résultats souhaités. Le grand avantage de cette faible dose est l'absence ou la quasi-absence d'effets secondaires. Des quantités similaires de lithium se trouvent également dans différentes eaux minérales, comme la source Adelheid, la source Bad Mergentheimer ou la source Paracelsus de Bad Liebenzeller. Si la quantité prescrite d'un comprimé par jour est respectée, aucun effet secondaire ne peut normalement survenir. Les compléments alimentaires ne peuvent pas non plus provoquer d'intoxication au lithium.

Ainsi, tant qu'il n'y a pas de maladie aiguë, il convient de recourir exclusivement au lithium disponible sans ordonnance. Les résultats seront aussi rapides et aussi intenses et les effets secondaires sont pratiquement éliminés.

COMMENT SAVOIR SI TU AS BESOIN DE LITHIUM ?

Comme décrit précédemment, le lithium aide à traiter un grand nombre de maladies, même si son fonctionnement est peu connu. Les personnes touchées par des troubles psychiques, l'alcoolisme ou l'instabilité mentale ont un besoin accru de lithium. En outre, les personnes souffrant de goutte ou de calculs d'acide urique ont un besoin accru de lithium.

Cependant, il n'est pas toujours nécessaire qu'une maladie soit à l'origine d'une carence en lithium ou d'un besoin accru. Des banalités comme le stress prolongé ou une alimentation sans sucre peuvent souvent entraîner une carence en lithium dans l'organisme.

Mais pourquoi cela ?

Notre cerveau consomme constamment du lithium. S'il est soumis à un stress permanent ou prolongé, la consommation de lithium augmente considérablement. Cela peut entraîner une carence en lithium. Comme l'alimentation n'apporte que peu de lithium à notre corps, les réserves de lithium doivent être reconstituées d'une autre manière.

Comment une carence se manifeste-t-elle ?

La carence en lithium et ses effets sont largement inexplorés. Des études sur les animaux ont toutefois montré que l'espérance de vie, le poids à la naissance et la fertilité diminuent en cas de carence en lithium. Les chercheurs supposent en outre qu'une série de troubles psychiques peuvent apparaître suite à une carence en lithium. Il s'agit notamment d'un comportement agressif.

Comme tu peux le constater ici, non seulement un taux de lithium supérieur à la moyenne dans le corps a un effet positif sur toi, mais un taux de lithium particulièrement bas peut même avoir des conséquences négatives importantes sur ton mode de vie.

Étant donné que de nombreuses personnes n'absorbent que peu de lithium par le biais de l'alimentation, tu devrais toi aussi envisager d'agir activement pour augmenter ton taux de lithium. Non seulement pour ses propriétés positives, mais aussi et surtout pour éviter les effets négatifs.

Dans les années à venir, des découvertes scientifiques viendront certainement apporter des arguments supplémentaires en ce sens. La popularité croissante de ce savoir entraînera probablement sa diffusion.

Quelques commentaires de la presse sur le lithium :

"Un traitement préventif avec cette substance simple et peu coûteuse a été jusqu'à présent bénéfique pour de nombreux patients gravement malades".

Mogens Schou

"Nous avons observé à maintes reprises chez nos patients que le lithium est l'un des rares médicaments capables d'éliminer les pensées suicidaires à long terme. Il n'existe aucun autre médicament qui diminue de manière aussi prononcée les pensées et les actes suicidaires".

Professeur Michael Bauer, directeur de la clinique et polyclinique de psychiatrie et psychothérapie de l'hôpital universitaire de Dresde

"Les simples apparences sont trompeuses, car il [le lithium] a le pouvoir de changer des vies".

James Greenblatt

Encore un bref résumé :

Le lithium est utilisé de plus en plus fréquemment et pour un nombre croissant de maladies. Les résultats des thérapies parlent d'eux-mêmes, même si les modes d'action ne sont pas encore totalement connus.

Mais en dehors des soins médicaux, le lithium joue également un rôle important pour générer un équilibre physique et mental et un sentiment de bien-être. Dans ce domaine, chacun peut faire un travail rapide et facile sur lui-même.

CONSEILS D'UTILISATION

Le lithium ne peut pas être fabriqué par l'individu. Comme décrit précédemment, il est administré sous forme de comprimés à des doses variables. Il doit être pris avec de l'eau. Le lithium ne peut pas non plus créer de dépendance.

Les préparations au lithium soumises à prescription, par exemple à base de carbonate de lithium, ne doivent être prises que sous contrôle médical. Des effets secondaires graves peuvent survenir et ne doivent pas être sous-estimés. Il peut y avoir un surdosage, voire un empoisonnement. Des contrôles sanguins réguliers sont inévitables.

Il en va autrement des préparations à base de lithium proposées sous forme de compléments alimentaires. On y trouve un dosage beaucoup plus faible, ce qui évite les effets secondaires. Elles peuvent être achetées en ligne ou dans certaines pharmacies. En ligne, ces préparations sont généralement importées de Grande-Bretagne. Le choix de préparations sur le net est restreint, la plus courante étant probablement celle de Lindens. Contrairement aux produits délivrés sur ordonnance, les compléments alimentaires doivent être pris dans le courant de la matinée afin de déployer leurs effets tout au long de la journée. Le problème des effets secondaires disparaît ici comme décrit précédemment.

La prise de lithium sans ordonnance est très simple et ne nécessite guère d'attention supplémentaire, car les effets secondaires sont pratiquement exclus. En fait, on peut dire que : Si tu n'as pas l'habitude de prendre du lithium tous les jours, prends-le simplement quand tu en ressens le besoin !

HOMÉOPATHIE : LITHIUM CHLORATUM

En homéopathie, le lithium est administré sous forme de lithium chloratum. Cela n'a cependant pas grand-chose à voir avec le lithium décrit jusqu'à présent. Il s'agit d'un sel secondaire des sels de Schüßler et peut être administré sous forme de pommades, de globules et de comprimés. Lithium chloratum présente des fonctions d'élimination et donc de désintoxication élevées. Son utilisation entraîne une augmentation de l'élimination des substances urinaires, principalement l'acide urique et l'urée.

Il en résulte les domaines d'application des rhumatismes et de la goutte. D'autres domaines d'application de Lithium chloratum sont le système nerveux et le système immunitaire ainsi que le métabolisme de la thyroïde. Lithium chloratum s'est avéré particulièrement efficace en cas d'atteinte des petites articulations comme le poignet, la cheville mais aussi l'articulation du genou, ainsi qu'en cas de problèmes cardiaques. Les gonflements douloureux et les raideurs des articulations peuvent être traités, tout comme les palpitations, les battements de cœur ou les palpitations cardiaques. Les inflammations et les congestions dans la région des reins, de la vessie et des voies urinaires sont d'autres domaines d'application. En outre, Lithium chloratum présente un lien particulier avec le métabolisme des protéines et est donc recommandé en cas de faiblesse du tissu conjonctif, de durcissement ou d'épaississement des tissus.

De tels troubles typiques de la formation et de la restructuration du tissu conjonctif se retrouvent également dans le psoriasis. En raison de son évolution chronique, le psoriasis représente un grand défi pour les personnes concernées. Des phases dépressives et un stress psychique apparaissent.

Lithium chloratum agit ici non seulement au niveau du métabolisme des protéines, mais aussi au niveau du système nerveux. Il soutient les fluctuations d'humeur, la mélancolie et les états d'épuisement psychiques. Son utilisation s'avère également efficace en cas de douleurs oculaires ou de maux de tête d'origine nerveuse. Comme le lithium chloratum favorise l'absorption de la vitamine B12 et de l'acide folique dans les cellules saines du corps, il renforce nos défenses immunitaires et a une influence inhibitrice sur la croissance des virus de l'herpès tenaces et d'autres virus.

Un autre domaine d'application est l'utilisation en cas d'inflammation des muqueuses, en particulier de la muqueuse gastrique. Elle est également utilisée en cas de troubles de l'appareil digestif tels que les ballonnements et les crampes. Dans le domaine psychologique, on l'administre comme soutien en cas de phobie scolaire et de difficultés de concentration.

Comme on le voit ici, l'éventail des effets possibles est très large. Le lithium chloratum n'a cependant rien à voir avec la thérapie au lithium proprement dite et ne peut pas aider en cas de dépression, de maladie d'Alzheimer, de céphalées en grappe ou autres. Si tu souffres de l'une de ces maladies, il est toujours recommandé de consulter un médecin. Il ne faut pas s'en amuser.

Il faut donc bien faire la différence entre le lithium décrit dans les chapitres précédents et le lithium chloratum mentionné ici ! Ne te laisse pas berner ici ! Mes explications et les nombreux domaines d'application positifs se rapportent exclusivement à l'élément lithium !

CONCLUSION

L'efficacité du lithium n'est à nouveau connue que depuis les années 1950. Néanmoins, il est utilisé de plus en plus souvent et pour un nombre croissant de maladies. Il aide à lutter contre les dépressions, les manies et la schizophrénie. Il soulage les céphalées en grappe, peut ralentir la progression de la maladie d'Alzheimer et de la démence et endiguer des maladies comme la sclérose en plaques et la maladie de Parkinson. Les résultats des thérapies parlent d'eux-mêmes, même si les modes d'action ne sont pas encore entièrement connus. Le lithium intervient dans de nombreux processus de l'organisme. Des effets secondaires tels que la prise de poids, les tremblements et les nausées sont donc possibles. Toutefois, ces effets secondaires, ou des effets plus graves, se produisent également lors de traitements avec d'autres médicaments. Le lithium ne permet certes pas de guérir les maladies mentionnées, mais de les endiguer ou même de les interrompre. La prise de ces préparations n'est toutefois recommandée que sous surveillance médicale. Des contrôles sanguins réguliers sont également nécessaires pendant la prise.

Il en va autrement du lithium en vente libre. Il est surtout utilisé en cas de stress ou de charge émotionnelle. Il n'y a pas d'effets secondaires possibles.

Le lithium est devenu incontournable dans le traitement des personnes dépressives, mais il devrait également faire l'objet de recherches dans d'autres directions afin d'être utilisé à long terme dans des maladies telles que la sclérose en plaques, la maladie de Parkinson ou la démence. Il peut également nous aider en tant que complément alimentaire en cas de stress temporaire. Cela peut se faire aussi bien à titre préventif qu'en cas de situation de stress aiguë.

Laisse le lithium devenir une partie normale de ta vie, une habitude pour toi. Ainsi, tu peux être sûr que ton corps dispose toujours de suffisamment de lithium pour te maintenir dans une humeur positive et équilibrée.

On parle peu du lithium, mais les résultats médicaux sont très clairs et montrent qu'il y a là un moyen nettement sous-estimé de rendre notre vie plus heureuse et plus équilibrée !

AS-TU AIMÉ MON LIVRE ?

Tu as lu mon livre et tu sais maintenant comment le lithium combat des maladies comme la dépression, la maladie d'Alzheimer et la démence. Et c'est précisément pour cette raison que je te demande maintenant une petite faveur. Sur Amazon, les critiques sont un élément important de chaque produit proposé. C'est l'une des premières choses que les clients regardent et il n'est pas rare que les avis fassent ensuite pencher la balance en faveur de l'achat ou non d'un produit. Ce facteur devient de plus en plus important, surtout avec le choix infini proposé par Amazon.

Si tu as aimé mon livre, je te serais plus que reconnaissante si tu me laissais une évaluation. Il te suffit d'écrire brièvement ce que tu as particulièrement apprécié et ce que tu aimerais mettre en œuvre en premier lieu. Cela ne prendra pas plus de quelques minutes, je te le promets !

Tu peux être sûr que je lis personnellement chaque critique, car cela m'aide beaucoup à rendre mes livres encore meilleurs et à les adapter exactement à vos souhaits.

C'est pourquoi je te dis

MERCI BEAUCOUP !

Ton Lutz

RÉFÉRENCES DES SOURCES :

Prof. Dr. med. Volker Faust: PSYCHIATRIE HEUTE: Seelische Störungen erkennen, verstehen, verhindern, behandeln.

Frank Herfurth, Bernhard Lenze: Ganzheitliche Ernährungsberatung: Ein Nachschlagewerk. Books on Demand 2014

Kim Zarse, Takeshi Terao, Jing Tian, Noboru Iwata, Nobuyoshi Ishii, Michael Ristow: European Journal of Nutrition: Low-dose lithium uptake promotes longevity in humans and metazoans. 2011

Konstantin Ingenkamp: Depression und Gesellschaft: Zur Erfindung einer Volkskrankheit. transcript Verlag 2014

James Greenblatt: Lithium - Das Supermineral für Gehirn und Seele: Effektive Hilfe bei: Demenz, Parkinson, psychischen Störungen, Aggressivität, Ängsten, Sucht, ADHS. VAK Verlag, 2018

Maren Carbon: Suizidprävention bei affektiven Störungen: Warum Lithium einzigartig erscheint, erschienen in InFo Neurologie & Psychiatrie, Ausgabe 21. Springer Medizin 2019

Kerstin A. Gräfe: Bipolare Störung: Lithium auch bei Kindern wirksam und sicher, erschienen in Pharmazeutische Zeitung, Ausgabe 43/2015.

Marco Helbich, Michael Leitner, Nestor D. Kapusta: Lithium in drinking water and suicide mortality: Interplay with lithium prescriptions, erschienen in The British Journal of Psychiatry, Ausgabe 207. 2015

https://www.welt.de/wissenschaft/article5028535/Was-Akkus-und-Depressionen-gemeinsam-haben.html

https://www.aerzteblatt.de/archiv/21213/50-Jahre-Lithiumsalze-in-der-Psychiatrie-Gibt-es-neue-und-bessere-Stimmungsstabilisatoren

http://www.drau-apotheke.at/?de/schuessler_salze/nr.16_lithium_chloratum

https://www.ddbnews.org/ddbnews-gesundheit/lithium-macht-uns-gluecklich-und-gesund/

https://www.deutsche-apotheker-zeitung.de/daz-az/2013/daz-31-2013/lithium-zur-behandlung-affektiver-stoerungen-und-als

RECOMMANDATIONS DE LIVRES

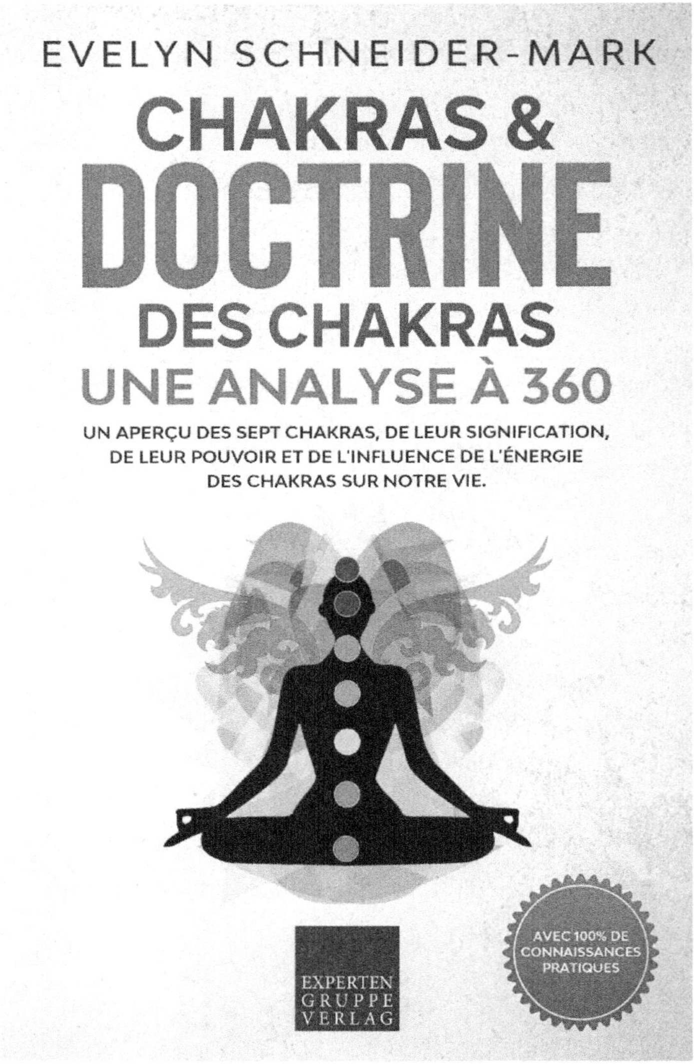

Chakras & doctrine des chakras - Une analyse à 360 – Un aperçu des sept chakras, de leur signification, de leur pouvoir et de l'influence de l'énergie des chakras sur notre vie

Grâce à l'essor de la culture hindoue par le biais de pratiques de yoga occidentalisées, le terme "chakra" est également familier à beaucoup. Le corps humain compte un nombre incalculable de points de chakra, mais sept d'entre eux font partie des chakras principaux, qui influencent considérablement notre énergie vitale : Le chakra racine, le chakra sacré, le chakra du plexus solaire, le chakra du cœur, le chakra de la gorge, le chakra frontal et le chakra de la couronne.

Tu veux toi aussi apprendre ce qu'est la théorie des chakras et le rôle formidable qu'elle joue dans notre corps ? Et comment ouvrir ces centres d'énergie et mener ainsi une vie autodéterminée, heureuse et libre ?

Grâce à ce guide, tu apprendras ce qu'est le système des chakras, quelles sont les propriétés et les fonctions des sept chakras principaux et quelles sont les possibilités d'utiliser l'énergie de ces chakras pour toi.

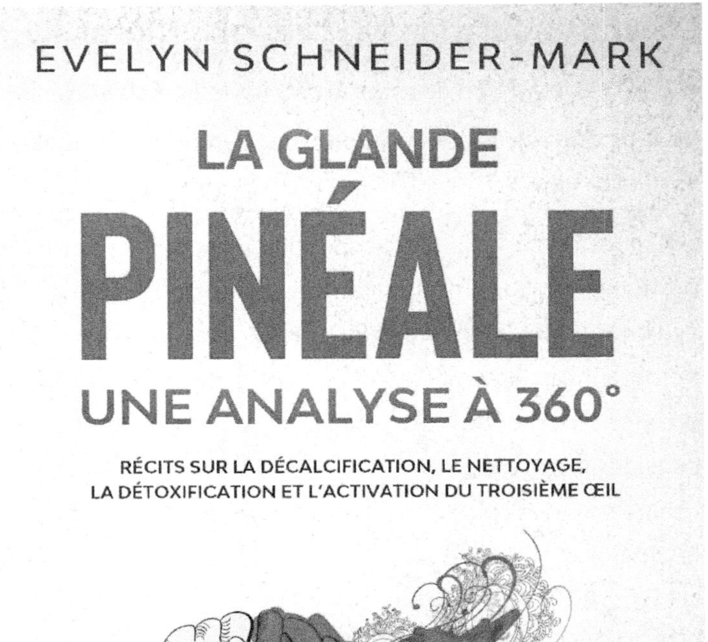
EVELYN SCHNEIDER-MARK
LA GLANDE
PINÉALE
UNE ANALYSE À 360°
RÉCITS SUR LA DÉCALCIFICATION, LE NETTOYAGE, LA DÉTOXIFICATION ET L'ACTIVATION DU TROISIÈME ŒIL
AVEC 100%
DE CONNAISSANCES PRATIQUES
EXPERTEN GRUPPE VERLAG

La glande pinéale – Une analyse à 360° - Récits sur la décalcification, le nettoyage, la détoxification et l'activation du troisième œil

Nous sommes dotés d'un merveilleux petit organe dans notre cerveau, dont les fonctions sont impressionnantes. Qui aurait cru que le siège de notre vie spirituelle, de notre conscience requière si peu de place ?

L'interaction des hormones et des neurotransmetteurs est impressionnante, notre rythme naturel et notre processus de régénération y sont régulés. Les rêves et les expériences spirituelles y naissent et notre conscience y est contrôlée.

Ne serait-ce pas formidable si tu pouvais exercer et influer sur cet organe pour élargir ta conscience et percevoir ton environnement beaucoup plus distinctement ?

Ne serait-ce pas formidable de pouvoir élargir considérablement ta conscience grâce à quelques changements simples dans votre vie ?

Ici, les bases scientifiques à connaître sur la glande pinéale sont expliquées et aussi la façon d'activer

LA FONCTION
DE LA LYMPHE
Une Analyse à 360°
Stimuler le système
lymphatique dans le corps,
prévenir les œdèmes et les
gonflements, renforcer
la santé et les défenses
immunitaires
EXPERTEN
GRUPPE
VERLAG
Avec 100% de
connaissances
pratiques
LUTZ SCHNEIDER

La fonction de la lymphe – Une analyse à 360°

- Stimuler le système lymphatique dans le corps, prévenir les œdèmes et les gonflements, renforcer la santé et les défenses immunitaires

Notre corps contient presque deux fois plus de liquide lymphatique que de sang et pourtant, peu de gens savent ce qu'est la lymphe et à quoi elle sert. Ce n'est que lorsque quelque chose ne va pas que nous commençons à nous intéresser à la lymphe.

Tu veux toi aussi découvrir ce qu'est la lymphe et le rôle formidable qu'elle joue dans notre corps ? Et comment, grâce à un mode de vie différent, une alimentation saine et du sport, tu peux améliorer son fonctionnement et peut-être même prévenir les œdèmes lymphatiques ?

Avec ce guide, nous te permettons non seulement de connaître le système lymphatique, mais aussi de reconnaître les problèmes à temps et de les combattre. L'accent est surtout mis sur les solutions qui ne relèvent pas de la médecine classique.

Procure-toi ce livre dès aujourd'hui et découvre...

- ... ce qu'est réellement la lymphe,
- ... quelles sont les possibilités de traitement en cas de problèmes
- ... et comment tu peux obtenir de grandes améliorations en changeant tes habitudes de vie.

MENTIONS LÉGALES

2023, Lutz Schneider

1ère édition

 Éditeur : GbR, Martin Seidel et Corinna Krupp, Bachstraße 37, 53498 Bad Breisig, email : info@expertengruppeverlag.de, photo de couverture : www.depositphoto.com. Tous les contenus présentés ici servent exclusivement à l'information neutre. Ils ne constituent en aucun cas une recommandation ou une promotion des méthodes décrites ou mentionnées. Ce livre ne prétend pas être complet et l'actualité et l'exactitude des informations présentées ici ne peuvent pas être garanties. Ce livre ne remplace en aucun cas les conseils et le suivi spécialisés d'un médecin. L'auteur et les éditeurs déclinent toute responsabilité en cas de désagréments ou de dommages résultant de l'utilisation des informations présentées ici.

Printed by Amazon Italia Logistica S.r.l.
Torrazza Piemonte (TO), Italy

74434657R00047